AF562411

SOLUTION MEXICAINE

QUESTION POLONAISE, UNION EUROPÉENNE.

En continuant d'émettre des idées, en agitant d'en bas les jalons que je posai sur des régions élevées, arriverai-je à remplir la tâche que je me suis donnée?

Après m'être occupé pendant plus de cinq ans de diverses questions d'économie sociale, j'en fis le résumé en 17 pétitions qui sont au Sénat depuis l'année dernière.

Ayant été à même de voir et d'apprécier les tendances du monde presqu'entier, je pensai qu'il serait convenable de profiter du présent pour dégager l'avenir des erreurs du passé et me lançai dans la politique.

D'abord je traitai à mon point de vue les questions Italienne, Romaine et Américaine.

J'indiquai un mode d'élection qui me parut prudent et constitutionnel; puis, après avoir dit un mot sur notre affaire Mexicaine, j'abordai résolûment la question Polonaise.

Je ne crois pas commettre d'indiscrétion en publiant maintenant quelques-unes de mes lettres, où j'exprime ma propre pensée sur ce sujet trop débattu, bien qu'en réalité elle ne m'inspirât jamais de sérieuses inquiétudes.

Quant à notre position au Mexique, c'est bien différent, je la tournai et retournai en tous sens, enfin j'arrivai à saisir et à proposer le moyen unique, pour nous en sortir d'une manière parfaitement solide, parfaitement honorable. Ce moyen est tellement simple, tellement saillant, tellement saisissant, que chaque jour mon étonnement augmente en voyant que personne n'y a trébuché.

C. DAMOTTE.

Vaulichères-Tonnerre, 24 décembre 1863.

1864

A Sa Majesté l'Impératrice des Français.

Avec copie à l'Empereur.

Madame,

Aux yeux de bien des gens, mes démarches sans cesse renouvelées paraissent insensées, pour moi qui aime véritablement mon pays, rien n'est plus naturel que d'offrir à mon Prince et à ma Souveraine, respectés à juste titre, le fruit de mes longues observations, de ma vieille expérience.

Placé entre l'excès de zèle et des calculs de partisans, l'Empereur a à prendre garde.

Madame,

> La force doit entraîner l'opinion publique et non la commander.
>
> Maintenant, sans prestige, pas de puissance solide.

Pour exprimer, sans m'exposer ni blesser personne, tout ce que je vois du présent et pense de l'avenir, c'est pour moi difficile; je vais continuer du mieux qu'il me sera possible.

1° Ceux qui regardent comme arrangée la question Romaine et Italienne, se trompent énormément; au lieu d'être étouffé, le volcan couve sous la cendre et s'élargit considérablement. Au surplus, sur ce sujet j'ai tout dit.

2° L'affaire Américaine aurait pu et dû, dans le principe, être arrangée amicalement sous la cheminée, telle a été ma conviction. J'avais même à cet effet préparé les bases d'un traité qui pouvait aboutir et ne fut point écouté. (*)

3° L'alliance de la France avec l'Angleterre est une nécessité, mais il ne faut pas perdre de vue que l'amitié de cette puissance ne va qu'au point limité par son propre intérêt.

(*) Ces bases étaient simples et devaient être solides.
1° Séparation en droit, union en fait;
2° Communauté de douanes pour l'extérieur;
3° Pas de douanes à l'intérieur, etc., etc.

4° Il faut que la France marche en complète harmonie avec la Russie. L'empereur Alexandre a de nobles sentiments, mais son caractère est mal interprété; quand il se montre généreux, on dit que c'est la peur qui fait agir son cœur.

5° L'Europe entière accable la malheureuse Pologne de ses sympathies, on jette à satiété de l'huile sur cette révolte enflammée, comme si le but de chacun était de n'avoir à contempler plus vite que des ruines! L'intérêt de la Prusse et de l'Autriche est d'étouffer ce feu qui les menace également.

6° L'Autriche particulièrement, dont la position est des plus équivoques, n'a qu'à se taire et ne doit point bouger. En la poussant, comme on le fait, à des démarches près de la Russie, à mes yeux ce n'est que de l'ironie.

7° L'affaire du Mexique est certainement au rang des plus fâcheuses, des plus dangereuses. Déjà j'écrivis à peu près ce que j'en pensais, et c'est la principale raison qui m'avait fait désirer voir rapprocher le terme des élections; puis j'y voyais aussi pour l'Empereur la plus belle occasion de donner les réformes promises, attendues et enfin de compléter, de couronner l'œuvre.

Maintenant que ce système ne peut plus être employé, il me semble que Sa Majesté pourrait au moins lancer un manifeste la veille des élections.

Il est (je l'ai toujours compris) assez difficile que ma voix arrive en haut, mais mon courage étant soutenu par des mots que j'ai lus:

Qui sert bien son pays n'a pas besoin d'aïeux.

persuadé que si je ne fais pas de bien, je ne ferai du mal qu'à moi, j'avance tout en demeurant avec le plus profond respect, Madame,

De Votre Majesté,

Le très-humble et tout dévoué serviteur,

C. DAMOTTE.

Vaulichères-Tonnerre, le 28 mai 1863.

A Sa Majesté l'Empereur des Français.

Avec copie à S. M. l'Impératrice.

Sire,

La Pologne libre! tel est le cri du jour lancé avec frénésie. Votre Majesté devant être l'arbitre de sa destinée, chacun attend sa décision avec impatience.

Il s'agit, Sire, d'une immense responsabilité. La Pologne libre ne pourrait l'être à demi, il lui faudrait ses anciennes limites.

100 bras se heurteraient pour saisir le pouvoir, et à moins qu'il ne s'en trouvât un providentiel, formé d'acier convenablement trempé, cette nation remuée agiterait l'Europe indéfiniment.

Sire, le peuple Polonais n'est pas en état d'être gouverné constitutionnellement, quant à présent il ne pourrait l'être que despotiquement.

Des démarches incertaines partant d'une haute puissance sont ordinairement regrettables quand elles n'aboutissent pas. En politique, il est dangereux de jouer cartes sur table, telle est ma manière de voir. Maintenant, il faut, je pense, essayer d'en finir par où on aurait dû commencer. C'est aux chefs du parti Polonais qu'il faudrait s'adresser.

M'en référant pour ce sujet à l'esprit de ma dernière lettre du 28 mai, je continue, Sire, de supplier,

Votre Majesté,

D'avoir foi au grand dévouement de son serviteur et très-fidèle sujet,

C. DAMOTTE.

Vichy, le 21 juillet 1863.

A Sa Majesté l'Impératrice des Français.

Madame,

L'homme posé au faîte de la puissance eut toujours pour ennemis terribles: l'intrigue, l'ambition, la flatterie et la jalousie.

Assez ordinairement la Providence, en l'immortalisant, lui ouvre, pour passer à l'éternité, une voie extraordinaire en dehors de la chance commune.

Le canon ne constitua jamais rien de bien solide, il lance l'épouvante, ruine, détruit; les sympathies mêmes se trouvent ébranlées. Avec la morale seule on peut établir une gloire durable.

Madame, le temps marche très-vite. Je voudrais pour l'enfant une succession facile à liquider, une couronne légère à porter; tel est depuis sept ans l'objet de mes rêves, le but principal de mon travail.

Encore un mot sur la Pologne. L'Empereur Alexandre ne peut céder devant la pression, ce serait une tache pour son gouvernement; il faut amener la révolte à déposer les armes. Alors la France, prêchant par l'exemple, sera à même d'obtenir pour la Pologne toutes les réformes convenables; puis, avec l'aide de Dieu, on pourra voir s'apaiser les vertiges qui bouleversent le monde.

J'ai l'honneur de vous remettre, Madame, copie de ma dernière lettre écrite sur ce sujet scabreux et demeure avec constance et grand respect,

De Votre Majesté,

Le très-humble et tout dévoué serviteur,

C. DAMOTTE.

Vichy, le 30 juillet 1863.

A Sa Majesté l'Impératrice des Français.

Madame,

En donnant la puissance, le prestige, la Providence assigne ordinairement une limite au temps.

A Bordeaux, sur un beau marbre noir on voit des mots sublimes tracés avec le burin pour la postérité.

Des notes diplomatiques pompeusement formulées, récemment publiées, produisirent, il me semble, du mal sans aucun bien.

Des nations dont la position et l'esprit diffèrent atteignent rarement leur but en agissant collectivement.

L'Empereur étant à même de faire naître l'espérance par de simples signes bien lancés, et pouvant inspirer le sentiment du devoir et calmer des passions insensées par quelques paroles sagement, nettement exprimées, rien ne s'y opposant, pourquoi ne pas le faire?

Madame, le temps est venu de se prononcer, l'occasion est propice. Votre Majesté appuyant, l'Empereur pourra et voudra bien tout préparer, sinon tout régler le jour de sa fête.

Dans l'intérêt privé comme dans l'intérêt général, tous sentiments, toute crainte de guerre doivent d'abord être effacés.

Madame, heureux et fier de mes sentiments, de mon travail, de ma constance, je continue d'adresser à

Votre Majesté,

L'assurance de mon respectueux dévouement,

C. DAMOTTE.

Vaulichères-Tonnerre, le 10 août 1863.

A Sa Majesté l'Impératrice, à Biarritz.

Madame,

L'habitude est bien une seconde nature.

La liberté est un enfant qu'on doit élever dans le bon exemple avec la crainte et l'espérance.

A mes yeux, le temps est gros d'orages, le monde entier est en mouvement; s'il ne perfectionne pas, le progrès détruira.

Napoléon III est le point de mire de chacun......

La puissance n'est pas aussi légère à porter que généralement on le pense.

La seule nation dont je suis jaloux demeure calme et toujours prête à faire son profit de tous les éléments.

Je ne crois point qu'il existe un seul peuple capable d'accepter et de s'arranger sans arrière-pensée d'un chef imposé, fruit d'une défaite, surtout si ce chef est étranger.

Si le prince Maximilien accepte la couronne qui lui est offerte, je lui donnerai le conseil de passer un bail pour 3, 6 ou 9 années, avec la réserve réciproque et d'usage d'avertir six mois à l'avance.

La force, la faiblesse, l'audace, la fortune, l'adresse sont des jouets pour le temps. Un pli pris résiste. Seules, les lois morales peuvent préparer, asseoir l'avenir et figurer en pages vraiment glorieuses dans le livre de la postérité.

Des sauvages habitués à l'indépendance, à la liberté, obéissent facilement aux chefs de leurs tribus et consultent avec une certaine vénération des vieillards expérimentés.

Madame, des serfs, des esclaves subitement affranchis, se trouvent étourdis, embarrassés; la liberté pour eux se transforme en une charge difficile à traîner et pour la société en imminent danger.

Une position réelle, des plus intéressantes, est celle de l'empereur Alexandre; placé entre deux écueils en face de l'Europe, ce chef navigue vers le plus bel horizon; pour arriver il doit être ferme, libéral, prendre garde et marcher lentement.

A défaut d'une part de tâche à remplir, je continue et continuerai toujours et quand même de vous adresser, Madame, des preuves de mon attachement à mon pays et à mon Prince qui dans mes pensées se trouvent unis, tout en priant,

Votre Majesté,

De croire au respectueux dévouement de son très-humble serviteur,

C. DAMOTTE.

Boulogne-sur-Mer, le 8 septembre 1863.

A Sa Majesté l'Impératrice des Français.

Madame,

La dernière lettre que je mis à la poste à l'adresse de votre Majesté, était datée de Boulogne-sur-Mer, le 8 septembre.

Après avoir examiné et retourné avec la plus grande attention la question Mexicaine, j'entrevis un moyen infaillible pour la régler d'une manière parfaitement convenable et qui seule pourrait être durable.

Persuadé que mon système aura l'approbation particulière de votre Majesté, je serais heureux de pouvoir être admis à l'honneur de le lui dire.

Quoi qu'il advienne, je continuerai d'être avec confiance et le plus profond respect, Madame,

De Votre Majesté,

Le très-zélé serviteur,

C. DAMOTTE.

Vaulichères-Tonnerre, le 20 septembre 1863.

A Sa Majesté l'Impératrice des Français.

Madame,

> A présent les hommes désintéressés, sincèrement dévoués, sont assez rares pour n'être pas sans cesse repoussés.

Par ma lettre du 20 courant, j'eus l'honneur d'annoncer à votre Majesté que j'entrevoyais un moyen de bien régler notre affaire du Mexique.

Vu l'urgence voici, Madame, ce moyen que je crois unique:

Les Mexicains sont enfants de l'Espagne; leur révolte fut une erreur qui maintenant est expiée par plus de 40 années d'ennuis, de peines, de malheurs. La mère-patrie accueillera leur retour avec joie.

Les Espagnols, en reculant devant une guerre fratricide, ont prouvé aux Mexicains que, chez eux, les liens du sang subsistaient, et qu'ils étaient demeurés dignes de leur primitive amitié.

L'éloignement, les habitudes ayant introduit dans les usages des deux côtés des besoins différents, les lois appropriées au temps ne pourraient être absolument les mêmes. Conséquemment, le Mexique devrait être administré par un vice-roi avec hérédité.

Notre Impératrice est Espagnole; notre Empereur, seul auteur du changement qui s'opère, a, par le fait de cette alliance, un neveu sujet de la Reine d'Espagne, de pur sang Castillan. Que ce neveu devienne vice-roi du Mexique sous la protection de la France et la garde de Dieu.

Mes lettres arrivant, si leur contenu est agréé, de grâce, Madame, un premier signe d'encouragement émanant

De Votre Majesté,

Pour son respectueux et zélé serviteur,

C. DAMOTTE.

Vaulichères-Tonnerre, le 23 septembre 1863.

A Sa Majesté l'Impératrice des Français, à Madrid.

Avec copie à l'Empereur.

Madame,

La nation Espagnole fut dans un temps la première du monde; surchargée par le poids de sa puissance, de ses richesses, énervée, elle s'affaissa. Beaucoup de ses enfants dispersés renièrent la mère-patrie et virent sans émotion une convoitise générale la menacer d'une complète ruine.

Poussé dans ses derniers retranchements, ce peuple releva la tête; maintenant il est en voie de reconquérir son titre de grande nation.

Convertir un mal en bien, c'est beau, c'est grand, Madame. De la prudence, du courage. En appuyant, en aidant sa primitive patrie, en déchargeant l'Empereur d'une bien lourde affaire, Votre Majesté servira noblement sa famille et la France.

Je suis avec le plus profond respect, Madame,

De Votre Majesté,

Le très-humble et zélé serviteur,

C. DAMOTTE.

Marseille, le 10 octobre 1863.

A Sa Majesté l'Impératrice des Français.

Madame,

Dans l'arrangement Mexico-Espagnol il y a à préparer et beaucoup à prévoir. Ma dernière lettre écrite sur ce sujet était datée de Marseille le 10 octobre, adressée à Madrid à Votre Majesté avec une copie à l'Empereur à Saint-Cloud.

Le 26 octobre 1861, je disais: « Confier à sa Souveraine un secret considérable, lui ouvrir son âme, ce n'est pas, je crois, manquer de prudence. »

Madame, je ne hais point les Anglais, mais depuis longtemps je nourris contre cette puissance immense un profond sentiment de jalousie.

Madame, l'Empereur pouvant, il faut nécessairement que la France, comme puissance morale, devance les autres nations, qu'elle ménage, qu'elle favorise et qu'elle élève des rivalités possibles en face de l'Angleterre, qui finirait par tout absorber.

L'Empereur n'ayant pas jugé convenable de prendre en mains mes idées de réforme pour les élections passées, je demande en grâce que, sans en rien retrancher, mes pétitions soient lues très-prochainement au Sénat. S'il arrivait que d'autres gouvernements commençassent par les mettre en pratique, j'en éprouverais une peine très-vive.

Daignez me croire, Madame,

De Votre Majesté,

Le très-humble et le plus zélé de ses serviteurs,

C. DAMOTTE.

Vaulichères-Tonnerre, 31 octobre 1863.

A Sa Majesté l'Impératrice des Français.

Madame,

Maintenant que chacun a commenté à sa manière le discours de l'Empereur, je vais dire à Votre Majesté l'impression que j'en ressentis.

A mon point de vue, l'Empereur a pris une position difficile qui, n'aboutissant pas, pourrait devenir dangereuse.

L'Europe est sur ses gardes, il y a une certaine défiance, chacun attend, et notez bien, Madame, qu'en thèse générale les chances de réussite sont pour l'imprévu.

Le prestige de Napoléon III est immense, la puissance de Sa Majesté est arrivée au point culminant; s'y maintenir en prêchant par l'exemple, rien n'est plus beau, rien n'est plus grand, rien n'est plus moral. Ici, je répéterai un passage de ma lettre du 28 mai dernier.

« La force doit entraîner l'opinion publique et non la commander. »

Madame, que Votre Majesté daigne relire mes pétitions en ce moment au Sénat, le fond m'en a paru clair, je suis prêt à les expliquer et au besoin à les compléter.

Je demeure avec le plus profond respect, Madame,

De Votre Majesté,

Le très-humble et le plus zélé de ses serviteurs,

C. DAMOTTE.

Vaulichères-Tonnerre, le 14 novembre 1863.

A Sa Majesté l'Empereur des Français.

Avec copie à S. M. l'Impératrice.

Le 10 avril 1861, j'écrivis:

Les réformes sont attendues,
Les traités détruiront les douanes,
Le temps des octrois est passé,
Si les droits réunis n'existaient pas,
je voudrais les inventer.

Sire,

On veut savoir le but de la démarche de Napoléon III en invitant tous les Souverains de l'Europe à une réunion.

Sire, la réponse est facile.

Que du point culminant occupé par Votre Majesté elle annonce au monde que son désir est de provoquer la suppression générale des douanes en Europe, que, pour atteindre ce but sans secousse, il serait nécessaire de fixer dès à présent le temps convenable pour mettre à exécution cette grande mesure qui tôt ou tard deviendra inévitable, par la raison qu'elle seule peut conduire à la pacification des peuples, à l'union des nations.

J'estime que le temps à fixer devrait être 12 ans.

Je suis, Sire, avec un profond respect,

De Votre Majesté,

Le très-humble et tout dévoué sujet,

C. DAMOTTE.

Vaulichères-Tonnerre, le 31 novembre 1863.

A Sa Majesté l'Impératrice des Français.

Madame,

J'observe en silence avec grande attention les mouvements du temps; des inquiétudes vives me gagnent quelquefois quand je vois engager dans des écueils infranchissables le prestige de l'Empereur. Mais ma plus grande préoccupation roule en ce moment sur l'affaire Mexico-Espagnole, qui est des plus pressantes, bien qu'à mes yeux la solution en soit parfaitement facile.

Madame, il se forme sur ce point des orages menaçants.

Il me semble qu'ayant l'affaire en mains, je pourrais d'un souffle les renverser comme par enchantement, et d'ici 100 jours régler la question et dégager la France

Madame, pour la France, pour l'Espagne, pour l'Empereur, pour mon jeune Prince, pour le fils d'une sœur regrettée, pour Votre Majesté qui ici recueillera la principale part d'une gloire impérissable, daignez me croire.

Jusqu'alors je n'ai été écouté qu'à demi, cependant ma foi en la Providence n'a pas plus faibli que ma confiance en la protection

De Votre Majesté,

Dont je suis le très-respectueux et le plus zélé de ses serviteurs,

C. DAMOTTE.

Paris, le 5 décembre 1863.

A Sa Majesté l'Empereur des Français.

Sire,

Convertir un mal en bien, c'est ce qui me plaît.

Le Gouvernement Anglais refusant péremptoirement de participer au Congrès provoqué par Votre Majesté, à mon point de vue c'est parfait.

Sire, cette puissance considérable qui pèse généralement; isolée du continent européen par sa propre volonté, que peut-on désirer de mieux?

Sire, que Votre Majesté daigne y réfléchir. Le continent européen pacifié, uni d'abord par la suppression générale des douanes dans l'intérieur, à partir d'une époque déterminée, comme l'indique ma lettre du 21 novembre dernier, rien dans l'histoire ne serait comparable.

Je continue d'être, Sire, avec un profond respect,

De Votre Majesté,

Le très-humble et très-fidèle sujet,

C. DAMOTTE.

Paris, le 6 décembre 1863.

A Sa Majesté l'Impératrice des Français.

Madame,

Avant-hier, en arrivant à Paris, j'eus l'honneur d'adresser à Votre Majesté une lettre qui peut-être fut écrite un peu trop à la hâte. Mais mon excuse est toujours fort simple. Quand j'entrevois un rayon lumineux qui traverse l'horizon obscurci, je ne connais rien de mieux et de plus pressé que de l'indiquer d'abord en secret, après l'avoir bien examiné; puis, sans me préoccuper de tout ce qui s'écrit, j'observe la marche des événements et continue sans m'arrêter, confiant dans l'avenir qui doit tout juger.

Madame, je n'aime pas me répéter, cependant je le fais quelquefois. Hier encore, dans une nouvelle lettre que j'adressai à l'Empereur, je disais:

« Convertir un mal en bien, c'est ce qui me plaît; le gou-
« vernement Anglais refusant péremptoirement de partici-
« per au Congrès provoqué par Votre Majesté, à mon point
« de vue c'est parfait, etc. »

Madame, voilà le programme que j'ose indiquer pour ce qu'il y a de plus pressé:

1° Obtenir du prince Maximilien un refus positif; pour lui, rien n'est plus facile que de formuler.

2° Réimplanter l'Espagne au Mexique avec certaines formes, diminuer notre appui insensiblement, de manière toutefois à ce que notre retour soit effectué le plus tôt possible. La France et l'Espagne pourraient s'entr'aider pour conduire des troupes espagnoles et ramener des troupes françaises. Les prisonniers Mexicains pouvant faire partie du premier convoi de troupes espagnoles, il serait bien de les y incorporer.

3° Par l'affranchissement immédiat du service militaire actif de tous les jeunes gens qui se livreraient manuellement à l'agriculture, suivant les conditions que j'émis, notre armée territoriale serait, avant 4 ans, d'un million d'hommes, robustes, suffisamment instruits, complétement résolus et qui ne coûteraient rien à l'Etat.

4° Réduire pour 1864 l'armée active à 300,000 hommes.
— pour 1865 — à 250,000 —
— pour 1866 et suivant à 150,000 —

Cet exemple serait suivi, la suppression des douanes serait acclamée par toutes les puissances, à la grande satisfaction de tous les peuples du continent européen, et Napoléon III serait pour toujours admiré.

5° Construire des vaisseaux, beaucoup de frégates blindées, former un grand nombre de marins, et avec l'aide de mes autres lois proposées, honorés, respectés en tous lieux, nous aurions dans peu d'années considérablement de navires marchands, de l'or abondamment, d'immenses colonies peuplées de colons français, etc.

Daignez, Madame, croire au profond respect avec lequel je demeure,

De Votre Majesté,

Le très-humble et tout dévoué serviteur,

Paris, le 7 décembre 1863. C. DAMOTTE.

NOTA. — Maintenant je vais offrir aux hautes Autorités conviées à un congrès des problêmes à résoudre et des principes qui peuvent conduire à une bonne solution.

Problême : 1° Les Autrichiens vénèrent leurs Princes.

2° Les Mexicains sont, dit-on, dans l'attente d'un Messie personnifié en un Prince Autrichien.

3° L'Italien généralement sobre, économe, peu travailleur, jouissant librement de son sol d'une incomparable fertilité, recevant à pleines mains de l'or des étrangers qui vont indistinctement le visiter, sacrifie tout, ses biens, sa vie, hypothèque l'avenir de ses enfants et ne recule pas devant le plus abominable des crimes pour arriver à s'affranchir de tout contact avec des Princes Autrichiens.

L'Italien a l'honneur incomparable de posséder le chef de la Chrétienté, il le dépouille et veut le chasser !

En fait de gloire, l'Italien n'a-t-il pas dans son sein les débris du plus glorieux des noms ? Au lieu de le protéger, il veut le supprimer. Ici, au fait, je me trouve arrêté par le plus grand souvenir de la fin d'une longue conversation que j'eus l'année dernière avec un illustre personnage qui, pour me bien édifier, résuma la question par ces mots : « Je suis Italien. » Les Italiens n'ont pas de sympathie pour les étrangers et aux yeux des Italiens (notez-le bien) les Piémontais sont des étrangers.

Principes de solution. — Les voies ferrées effaceront les barrières.

Le devoir des Gouvernements consiste donc à se préparer d'abord à la suppression des douanes et à travailler à la confection de lois simples, propres à être appliquées avec l'aide du temps à tous les peuples du Continent Européen.

C. DAMOTTE.

Tonnerre, imp. et lith. A. HÉRISÉ – 1863.

6

www.ingramcontent.com/pod-product-compliance
Lightning Source LLC
LaVergne TN
LVHW010325230826
846091LV00009B/3767

9782016196113